Die Yogaübungen (Asanas), die in diesem Buch beschrieben und bebildert sind, müssen von den Klangelixieren begleitet werden, die beim Kauf des Buches inbegriffen sind. Es gibt zwei Möglichkeiten, sie kostenlos zu bekommen:

    A. Downloaden bei: www.yogaofillumination.com

    B. Als CDs bestellen. Es gibt zwei Möglichkeiten:

Email an: sj@almine.net mit Angabe deines Namens und der Lieferadresse,

oder Anruf (ausschließlich in Englischer Sprache): internationale Vorwahl USA: 001
Tel.Nr.: 877-552-5646.

Die Wirkung des Yoga wird erhöht, wenn du vor Beginn der Übungen mindestens 15 Minuten über einen der Sätze der Traumpoesie nachsinnst und dabei Klangelixiere hörst.

IRASH SATVA YOGA

Wiederherstellung der Fülle des Lebens

Almine

Der Yoga zum Öffnen der Tore
zum Überfluss

Veröffentlicht von Spiritual Journeys LLC

Copyright 2010

MAB 998 Megatrust

Verfasst von Almine
Spiritual Journeys LLC
P.O. Box 300
Newport, Oregon 97365

www.spiritualjourneys.com
www.almineweisheit.de

Alle Rechte reserviert.
Kein Teil dieser Veröffentlichung darf wiedergegeben werden,
ohne dass Almine als Autorin und Urheberin genannt wird.

Originaltitel: IRASH SATVA
Aus dem Amerikanischen von Renate Chanell

Umschlag-Illustration: Dorian Dyer
www.visionheartart.com

Umschlag-Layout: Rogier Chardet

Layout: Ariel Frailich

Hergestellt in den USA

ISBN 978-1-936926-01-5 (Softcover)
ISBN 978-1-936926-00-8 (Adobe Reader)

Inhalt

Über die Autorin VII

Einführung 1

Die Übungen verstehen
Irash Satva Yoga verstehen 6
Die Gabe der Engel 11

Wie der Yoga ausgeübt wird
Der Yoga zur Wiederherstellung der harmonischen
    Schwingungen des Menschen 15
Die Namen der einzunehmenden Haltungen der alten
    Technik des Irash Satva 17
Die 26 Übungen 19

Die Namen der 144 Portale
Die Namen der Portale 55

Die Naturgesetze des Überflusses verstehen
Die Naturgesetze: eine Einführung 63
Die 144 Portale der Fülle 65
Die Naturgesetze des Überflusses 83

Irash Satva Yoga
Der Yoga des Gesangs des Lebens

„Was für ein kostbares Erlebnis, einen Blick werfen zu können in eines der bemerkens- wertesten Leben unserer Zeit ... "

Botschafter Armen Sarkissian,
ehem. Premierminister von Armenien, Astrophysiker,
Cambridge University, GB

„Ich bin wirklich beeindruckt von Almine und der Echtheit aller ihrer Offenbarungen. Ich hege großen Respekt für sie und hoffe, dass andere ihre Lehren so wertvoll finden wie ich."

Dr. Fred Bell, ehem. NASA-Wissenschaftler

„Die Mitteilungen, die sie der Menschheit bringt, sind von höchster Klarheit. Sie wird völlig zu Recht als die führende Mystikerin unserer Zeit bezeichnet."

Dr. Zbigniew Ostas, Quanten-Medizin,
Somatische Orthobiologie, Kanada and Polen

Über die Autorin

Almine gilt weithin als die führende Mystikerin unserer Zeit. Sie hat 11 Bücher verfasst und eine weltweit begeistert aufgenommene Heilmethode, Belvaspata, entwickelt. Sie teilt täglich ihre Erkenntnisse einem schnell wachsenden weltweiten Publikum mit. (Siehe im Internet unter: www.twitter.com/AlmineWeisheit, www.alminediary.com, www.facebook.com/SeersWisdom und www.twitter.com/alminewisdom.)

„Wenn wir im Augenblick leben, sind wir im Zentrum der Macht, in Harmonie mit ewiger Zeit und der Absicht des Unendlichen Wesens. Unser Wille wird eins mit dem des Göttlichen."

Almine

Anmerkung: Almine übersetzt seit vielen Jahren Tafeln und Aufzeichnungen aus interdimensionalen Quellen und enthüllt heiliges Wissen, das der Menschheit bisher unzugänglich war. Erst in den letzten Monaten des Jahres 2009 konnten einige ihrer Schüler fotografische Beweise der Existenz dieses Materials erstellen. Auf den nächsten Seiten finden sich Beispiele interdimensionaler Fotos von Tafeln, deren Texte von ihr übersetzt wurden.

Tafeln, die gezeichnet und von Almine übersetzt
wurden, einige Monate, bevor sie fotografiert wurden

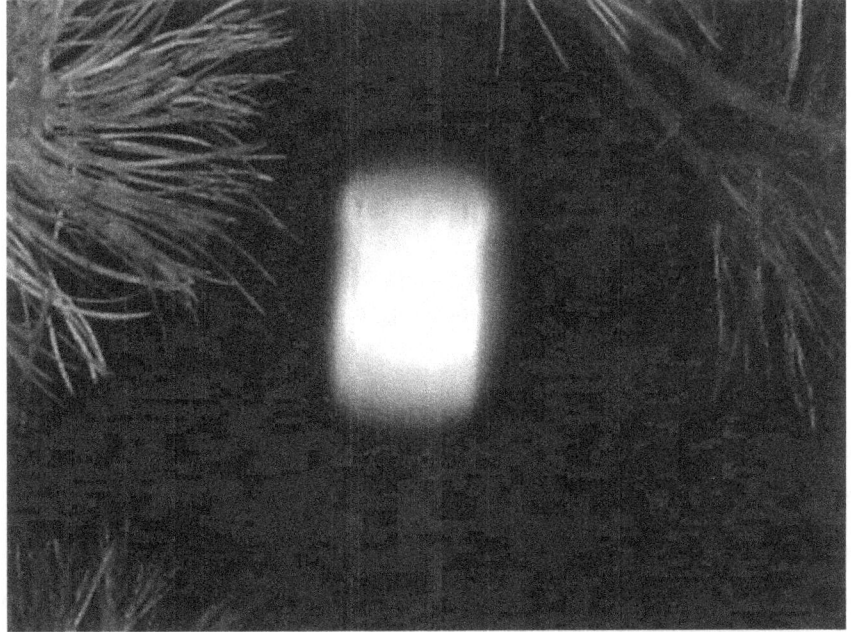

Fotografiert von Barbara Rotzoll, 2009 (angelbarbara.com)

Einführung

Die physische Form war ursprünglich gedacht als selbstreinigend, sich selbst erneuernd und selbstverklärend. Einmal geschaffen, war sie nicht real oder ewig, konnte aber durch tadelloses Leben und völlige Hingabe im Körper Portale öffnen, die dem Wirklichen erlaubten, diesen zu durchdringen und unbegrenzt zu erhalten. Bei den meisten Menschen enthalten die 144 Portale Überreste von Programmierungen, Widerstand gegen das Leben und Glaubensvorstellungen, die von einer trügerischen Wirklichkeit erschaffen wurden.

Der Irash Satva Yoga, der von den Engelreichen seit den Anfängen der Existenz gehütet wurde, heißt in der Sprache der Engel „Michpa uresvi minavech" oder „Die Quelle der Flüsse des Lebens". Er ist die Urform späterer Formen des Körperyoga und arbeitet mit der Alchemie des Klangs. Hast du ihn einmal gemeistert, kannst du ihn anderen beibringen[1], vorausgesetzt, du gibst Almine als seine physische Urheberin an. Die Aufzeichnungen der Engel machen klar, dass die wahre Quelle ‚Arachve Aranat' ist, die Verkörperung des Einen Lebens.

Jedes Hauptportal besitzt ein mit ihm verbundenes Modell von Leben in Fülle und mit diesen 144 Konzepten solltest du dich befassen. Wenn du sie in einem Kurs lehrst, verbringe eine halbe Stunde damit, sie gründlich zu lesen, und eine Stunde, den physischen Yoga zu üben. Jedes Portal hat einen Namen und da er eine wohltuende Frequenz hat, kann der Übungsleiter, wenn er will, die Namen während der Übungen laut aussprechen.

---

[1] Kinder können ihn ebenso wie Erwachsene lernen.

BIRAKLET KANESH IRASH SATVA
Sich dem Gesang des Lebens öffnen

Serenachvi harish-sat eklet nunatras haravut
Prives u-eres areskava uknech ehere-varastat
Biset uras para bi-uklet arsatvi-i-unech bersta
Uklech miriheshavat ustet pirech ukletvi verusat
Mi-uhes pire vesvi usklu-anat michtret ba-rusta

ÜBERSETZUNG DES BIRAKLET KANESH IRASH SATVA

1. Bei denen, die dem Leben widerstehen, ist der Zellkern verschlossen.
2. Im Körper gibt es 144 Hauptportale.
3. Sind diese geöffnet, beginnen die Zellen sich zu verändern.
4. Der Zellkern wird unregelmäßig und größer.
5. Die vergeistigten Zellen erzeugen Unsterblichkeit.

Die Übungen verstehen

Irash Satva Yoga verstehen

DER GÖTTLICHE SINN DIESES YOGA

Im Körper gibt es 144 Punkte, die, wenn sie vollständig offen sind, als Schleusen dienen für den Zufluss aus der unendlichen Quelle. Sie werden zu Kanälen zwischen der Wirklichkeit der Existenz ohne Beginn und der holografischen, trügerischen Wirklichkeit der Form. Bei aufgestiegenen Meistern sind viele dieser Punkte oder Portale offen und verlängern deren pulsierendes Leben um Tausende von Jahren.[2]

Führen diese Portale zur Quelle der Ressourcen des Unendlichen, hebt sich das Bewusstsein des Lebens im Kosmos. Der Kosmos steht dann bei dem Yogi in der Schuld und nach den Gesetzen des Ausgleichs muss diese Schuld abgetragen werden. Als Folge wird das Bewusstsein des Yogi angehoben.

Die Atemtechnik
Es wird langsam eingeatmet und dann langsam ausgeatmet, gleich einem langen Seufzer. Atme durch die Nase ein und durch den Mund aus. So werden Geburtstraumata abgebaut, die beim Blockieren der Hauptportale eine große Rolle spielen. Diese Atemtechnik beseitigt auch Überreste aus Erfahrungen vergangener Reinkarnationen.

Normales, tiefes Nasenatmen hilft, die Spannungen abzubauen, die von linearer Zeit, täglichem Stress, unseren Überzeugungen und der Rolle, der wir uns verpflichtet fühlen, verursacht sind. Es ist hilfreich, diese beiden Atemtechniken abwechselnd von einem zum anderen

---

2 Siehe den Online-Kurs „Die Wissenschaft der Unsterblichkeit" unter www.almineweisheit.de/online-kurse

Durchgang anzuwenden. (Verändere aber die gewählte Atemtechnik während des ganzen Durchgangs durch die 26 Übungen nicht!)[3]

Drucktechniken und Haltung
Der Körper ist schon immer ein Tyrann gewesen. Während der im Folgenden beschriebenen Yogaübungen wird er einer Disziplinierung unterworfen. Dabei werden ein paar allgemeine Techniken angewandt. Wenn du die Handflächen aneinanderhältst, so übe einen leichten, aber steten Druck aus. Dasselbe gilt beim Aktivieren der Druckpunkte. Auch das Klopfen soll leicht, aber gleichmäßig fest erfolgen. Das Klopfen der Punkte seitlich am Brustkasten soll fester sein.

Trinke nach dem Yoga reichlich Wasser.

Die mystischen Klangelixiere
Der Begriff „Elixier" zeigt, wenn er auf Musik[4] angewandt wird, dass das alchemistische Wissen um die Wirksamkeit von Frequenzen verwendet wird, um eine Klangheilung herbeizuführen, die Täuschungen beseitigt. BENUTZE FÜR DIESES YOGA KEINE ANDEREN ALS DIE EIGENS DAFÜR ENTWICKELTEN 26 KLANGELIXIERE!

Werden schwarze (subliminale) Frequenzen zusammengebracht mit gleich vielen weißen Frequenzen, gleichen sie diese aus und befreien uns von Täuschungen. Dieser Ausgleich wurde bei der Herstellung der Klangelixiere, die aus dem Reich der Engel gechannelt wurden, geschaffen.

Die Informationen in diesem Buch sind nicht dazu gedacht, Krankheiten zu diagnostizieren, sie zu behandeln oder durch sie medizinischen Rat zu erteilen. Alles Heilen geschieht in dir selbst. Befolge bitte alle behördlichen Vorschriften in deiner Gemeinde, was

---

3 Am besten führt man die Übungen bei angenehm warmer Raumtemperatur durch.
4 Siehe „Klangheilung" unter www.almineweisheit.de.

Die Übungen verstehen

die Hilfe und Behandlung anderer Menschen betrifft, selbst wenn diese ihr ausdrückliches Einverständnis gegeben haben. Für jegliche notwendige medizinische Betreuung sollte ein Arzt hinzugezogen werden.

Für Schwangere oder Kranke: Sprich vor der Ausführung jegliches Übungsprogramms mit deinem Arzt oder Heilpraktiker über alle Fragen, die deine Schwangerschaft oder deinen Gesundheitszustand betreffen.

KASHAR-AVI BIRESAT IRASH SATVA YOGA
Die heiligen Ursprünge des Irash Satva Yoga

Usutra aklechbi hesetru mirusat aklevish estalvi
Ninubich esta-brivech heleshta miruvetiklet
Nanas bri-ues plava ninech iselklava unes
Bri-es paravat usute blavech uvasp manech
Kanes esavit uskalvi minech harut uvesbi

ÜBERSETZUNG VON
KASHAR-AVI BIRESAT IRASH SATVA YOGA

1. In der Traumzeit, als die Formen entstanden,
2. war Selbsterhaltung Teil der Existenz.
3. Ewig wurde der Körper durch Portale versorgt.
4. Als die Portale blockiert wurden, wurde Polarität eine Ersatzquelle für Energie.
5. Beim Yoga des EINEN werden sie sich der Ewigen Versorgung öffnen.

Die Gabe der Engel

IRASH SATVA YOGA

Innerhalb der Menschheit entstand Missklang,
Verschmutzung beschädigte die Gene,
Impfungen und feindliche unsichtbare Strahlen
schufen Missklang, der bereinigt werden musste.

Wir bringen ein Yoga der Form und Schwingung,
um Gifte und Verkalkungen zu entfernen, die vom Glauben des Verstandes verursacht sind,
um die Schwingungen höheren Lebens, die der Mensch zuvor hatte,
und das neue Lied des Lebens der Menschheit zu bringen.

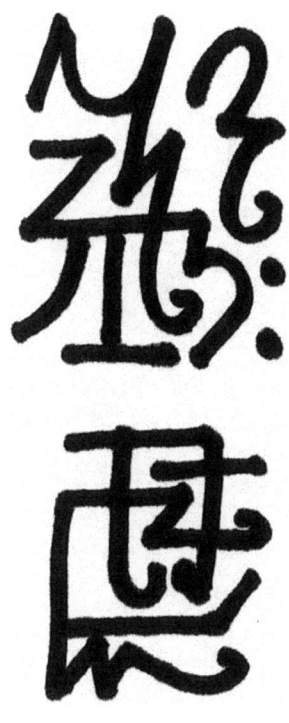

Wie der Yoga ausgeübt wird

Der Yoga, der die Schwingungen des Menschen wieder harmonisiert

IRASH SATVA YOGA

Anmerkung: Es werden alle 24 Klangelixiere der Verborgenen Reichen eingesetzt. Nach dem 12. und dem 25. Elixier der Verborgenen Reichen folgt je ein Elixier von Klanivik. Diese beiden Elixiere sind nicht nur rasanter (als Abwechslung zum eher meditativen Tempo der 24 Klangelixiere der Verborgenen Reichen), sondern auch länger (etwa 6 Minuten). Die jeweilige Yogahaltung für diese Stücke muss für die ganze Dauer des Elixiers beibehalten werden.

Die Elixiere bewirken die Entgiftung der jeweiligen Portale; sowohl der ersten zwölf männlichen, initiativ wirkenden Portale und der letzten zwölf weiblichen, empfänglichen. Sie sind Katalysatoren für die Stimulierung des Blut- und Lymphflusses sowie der Leberfunktion.

---

26 Yogahaltungen sind nacheinander einzunehmen, während der Haltungen werden 26 Klangelixiere gespielt; dies kann den Körper entgiften. Jede Haltung wird so lange beibehalten, wie das dazugehörige Klangelixier dauert. Solltest du nicht sportlich aktiv sein, nimm die jeweilige Haltung sanft nach und nach ein. Führe nie mehr als ein angenehmes sanftes Stretching durch. Du selbst solltest aufgewärmt sein und der Raum angenehm temperiert, das stimuliert die Entgiftung.

Dieses Klangyoga heißt Irash Satva Yoga – das Körperyoga der Schwingungen.

Die Namen der Haltungen der alten Technik des Irash Satva

Die Haltungen bei den Stretchingübungen – Asaf-pirehut
1. Ignati Rururet
2. Bligavesh
3. Bligavesh Iglat
4. Bligavesh Uret
5. Nisavi Vishnatet
6. Harasvu Isabi
7. Kunimani
8. Ra-vanavish
9. Siti-vanavish
10. Rutga-vanavish
11. Knanani-usubetvi
12. Kasabi-usubetvi[5]
13. Kanatchi-esanum (der Katalysator)

Die Haltungen bei den Klopfübungen – Nananani-usep
14. Kushana-paarsi
15. Nechsu-varish
16. Aasabi Plishet
17. Kanachvu
18. Nasaar Isalvu
19. Saru Bishar
20. Saru Eleshar
21. Nasu Anagu
22. Kaarsh-haras
23. Nistu Arana

---

5 Dies ist die letzte der männlichen Haltungen.

24. Kivistu Branesh

Die Haltungen bei den Druckübungen – Kuhulu-satvi
25. Agnanut-havi[6]
26. Bru-ak-nespahu (der Katalysator)

---

6 Dies ist die letzte der weiblichen Haltungen.

Die 26 Haltungen

(Benutze eine Yogamatte, wenn möglich)

DIE HALTUNGEN DER STRETCHINGPHASE – ASAF-PIREHUT

1. Ignati Rururet

Knie mit beiden Beinen auf der Matte, strecke die Arme weit nach oben. Setz dich auf die Fersen. Beuge dich ganz weit nach vorn, so weit du kannst, wie vor einem König; lass die Arme ganz ausgestreckt. Lass die Hüften auf den Fersen. Entspanne dich.

Anmerkung: Solltest du Schwindelgefühle bekommen, strecke dich auf der Matte aus.

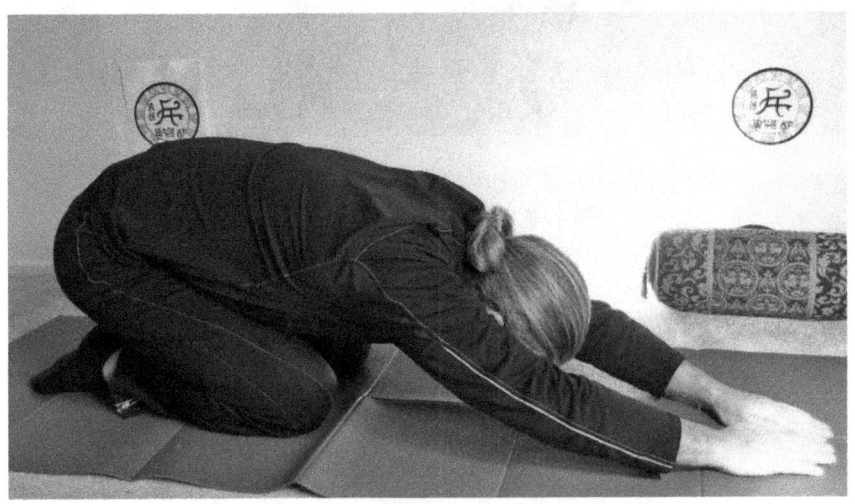

2. Bligavesh

Lege dich flach auf den Rücken und ziehe die Knie so nah wie möglich an die Brust, ohne dich anzustrengen. Halte die Knie mit beiden Händen umfasst und umklammere eine Hand mit der anderen, so dass die Knie stabilisiert sind.

Anmerkung: Bei den Positionen 3 und 4 kannst du es dir mit einem Kissen angenehmer machen.

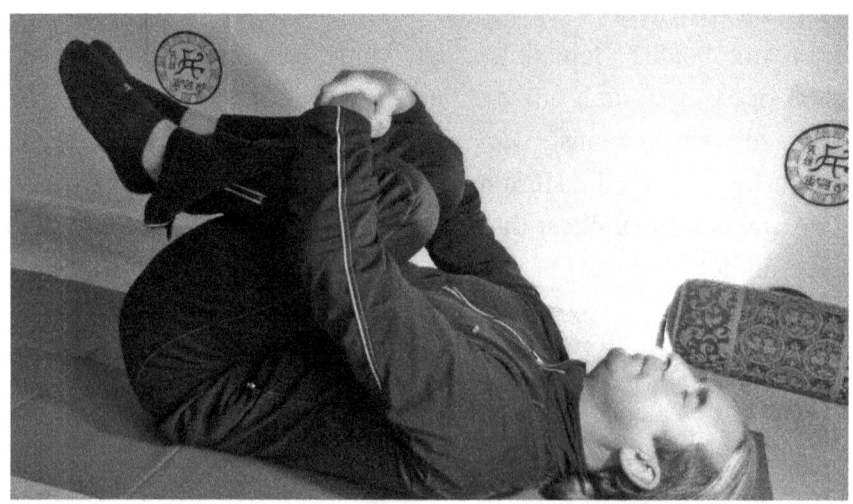

3. Bligavesh Iglat

Die gleiche Haltung wie bei Position 2, nur liegst du nun auf der linken Seite. Sollte es dir unangenehm sein, nur auf der Matte zu liegen, kannst du ein Kissen unter die Füße schieben, eben so unter den Kopf.

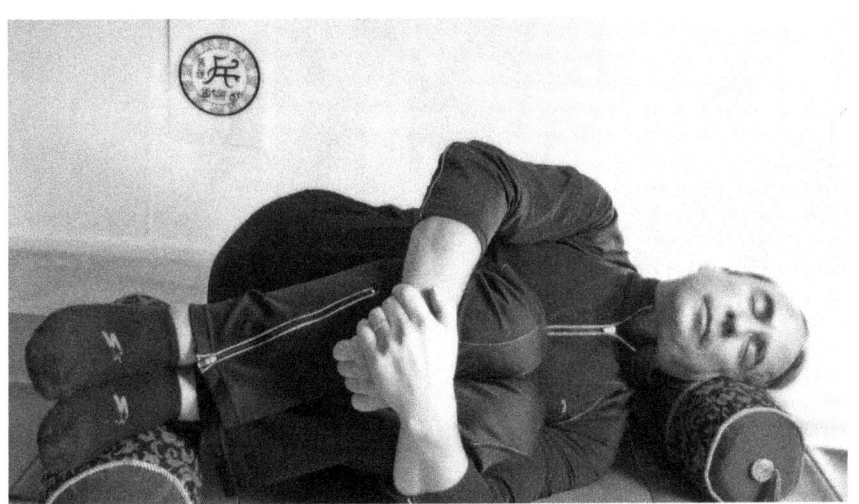

4. Bligavesh Uret
Wiederhole die Übung 3, indem du nun auf der rechten Seite liegst (hier gezeigt ohne Kissen).

Die 26 Haltungen

5. Nisavi Vishnatet

Lege dich auf den Rücken, breite die Arme zur Seite aus. Stelle die Füße schulterbreit auseinander, ziehe dabei die Füße so nah an das Gesäß, dass die Knie etwa da sind, wo vorher die Füße waren. Halte die Pobacken während der ganzen Dauer des Klangelixiers angespannt.

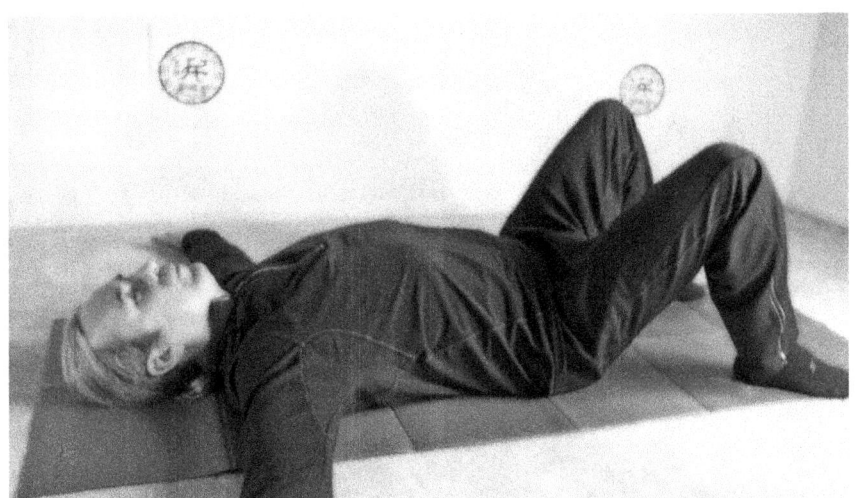

6. Harasvu Isabi

Nimm genau die gleiche Haltung wie in Übung 5 ein.
Hebe nun das Gesäß an und halte die Position.
Zur Unterstützung kannst du ein Kissen unter die Hüften legen.

7. Kunimani

Setze dich mit aufrechtem Rückgrat in den Schneidersitz. Kannst du die Beine nicht kreuzen, setz dich so, dass sich deine Fußsohlen berühren. Verschränke über dem Solarplexus (eine Handbreit über dem Nabel) die Handflächen ineinander, wie abgebildet, und halte die Ellbogen seitlich hoch. Atme tief und rhythmisch ein.

8. Ra-vanavish

Sitze wie in Übung 7, lasse die verschränkten Hände in den Schoß sinken. Nun nimmst du die Hände auseinander und legst sie entspannt auf die Oberschenkel, Handflächen nach oben. Biege den kleinen und den Ringfinger beider Hände zur Handfläche hin, lass dabei die anderen Finger ausgestreckt. Lass den Kopf leicht nach vorne fallen.

9. Siti-vanavish

Nimm die gleiche Haltung wie in Übung 8 ein, nur bewegst du jetzt den Kopf, so weit es noch angenehm ist, nach links, mit dem Kinn auf der Schulter. (Nicht die Schulter anheben! Lass das Kinn nur so weit fallen, dass es angenehm dehnt.)

10. Rutga-vanavish
Wiederhole Übung 9, diesmal nach rechts: Kinn zur rechten Schulter.

11. Knanani-usubetvi

Bleibe im Schneidersitz (oder mit zusammengelegten Fußsohlen), verhake die Hände über dem Brustbein, die Ellbogen seitlich angehoben. Hebe das Kinn, blicke nach vorn. Drehe den Oberkörper von der Taille an nach links. Unterkörper und Gesicht bleiben nach vorn gerichtet, der Oberkörper ist nach links verdreht.

12. Kasabi-usubetvi

Haltung wie in Übung 11, nur ist der Oberkörper von der Taille an nach rechts gedreht. Unterkörper und Gesicht bleiben nach vorn gerichtet.

13. Kanatchi-esanum

Lege dich flach auf den Rücken. Strecke die Arme über den Kopf, dann beuge die Ellbogen leicht und lege die Handflächen aneinander; die Arme liegen bequem auf der Matte. Beuge die Knie leicht nach außen und lege die Fußsohlen aneinander. Die Beine sollten so flach wie möglich liegen. Falls erforderlich, schiebe ein Kissen unter jedes Knie.

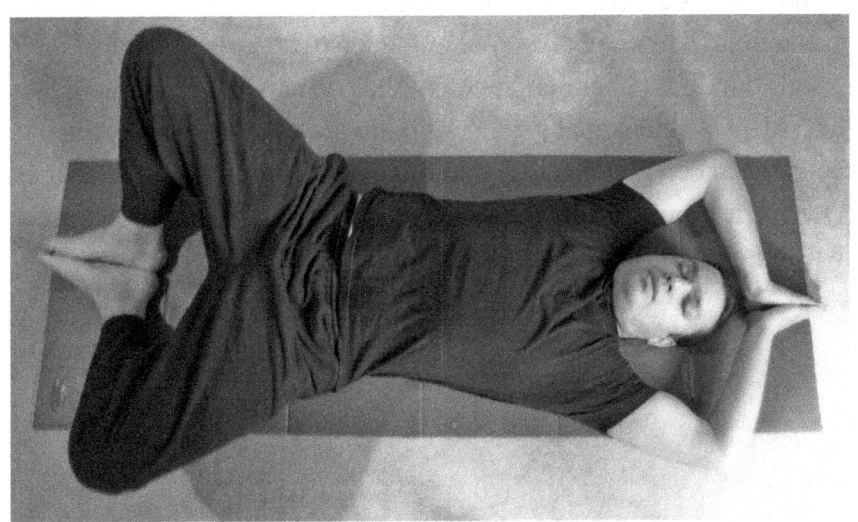

DIE HALTUNGEN BEI DEN KLOPFÜBUNGEN – NANANANI-USEP

14. Kushana-paarsi
Bei dieser Übung sitzt du mit aufrechtem Rückgrat und legst die Fußsohlen zusammen (schiebe ein Kissen unter jedes Knie, wenn das bequemer für dich ist). Lege die Daumen quer über den eingeklappten kleinen Finger und den Ringfinger beider Hände, strecke den Mittel- und den Zeigefinger und halte sie eng zusammen. Klopfe je zwei Mal auf jeden der 9 Druckpunkte. Fange etwa 3 cm direkt über dem inneren Ende der Augenbrauen an, genau über dem Tränenkanal (siehe Abbildung). Klopfe nur leicht, mit beiden Händen gleichzeitig, und folge den Konturen des Knochens. Der letzte Punkt ist in der Mitte des Wangenknochens. So lange wiederholen, bis das Klangelixier zu Ende ist.

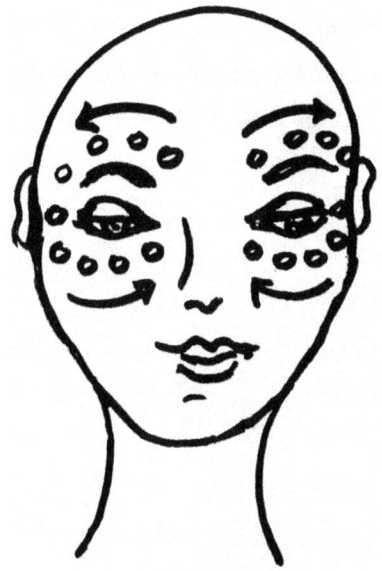

Kushana-paarsi

Je zwei Mal auf jeden Punkt klopfen,
dann das Ganze wiederholen.
Jeder Durchgang beginnt über den Augenbrauen.

15. Nechsu-varish

Die Haltung ist die gleiche wie in Position 14, auch die Handhaltung. Klopfe mit beiden Händen gleichzeitig je zwei Mal leicht auf die 8 Punkte. Fange beim Schläfenpunkt an (er heißt Kaanish, was „heilig" bedeutet), gehe vom äußeren Augenwinkel nach außen. Klopfe leicht je zwei Mal auf jeden der Punkte, gehe dabei in einem Bogen um die Ohren, bis kurz hinter die Ohren unter dem Schädel. Wiederhole dies, immer auf der gleichen Linie in der gleichen Richtung.

Die 26 Haltungen

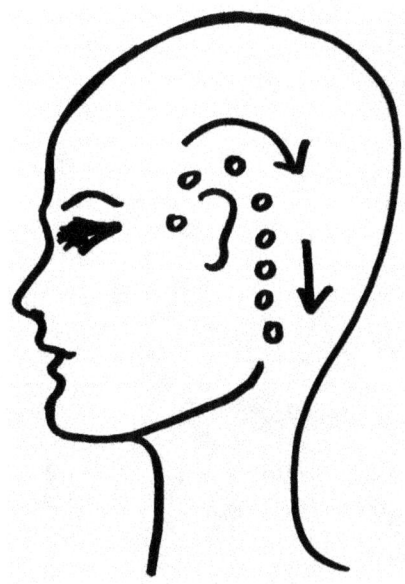

Nechsu-varish

Es sind 8 Punkte.
Der erste Punkt liegt direkt über dem Wangenknochen.
Gehe im Bogen um das Ohr, bis knapp unter den Schädel.
Immer in derselben Richtung wiederholen.

16. Aasabi Plishet

Körper- und Handhaltung sind die gleichen wie in den Übungen 14 und 15. Fange direkt hinter den Ohrläppchen an und klopfe mit beiden Händen gleichzeitig je zwei Mal leicht auf jeden der 7 Punkte. Gehe bei den Wiederholungen immer in der einen Richtung vor, wie abgebildet.

Die 26 Haltungen

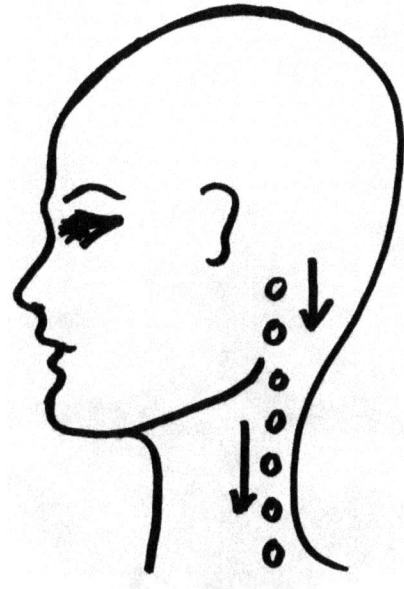

Aasabi Plishet

Es sind 7 Punkte.
Beginne hinter den Ohrläppchen
und klopfe vorne an den Nackenmuskeln entlang
bis dort, wo Nacken und Schultern zusammenkommen.
Immer von oben nach unten wiederholen.

17. Kanachvu

Die Haltung von Körper und Händen ist die gleiche wie bei den vorigen Übungen. Es sind 6 Klopfpunkte, jeder wird zwei Mal leicht geklopft. Die Hände bewegen sich in entgegengesetzte Richtungen. Begonnen wird in der Mitte des Brustbeins, etwa 5 cm unterhalb der Kuhle am Halsansatz.

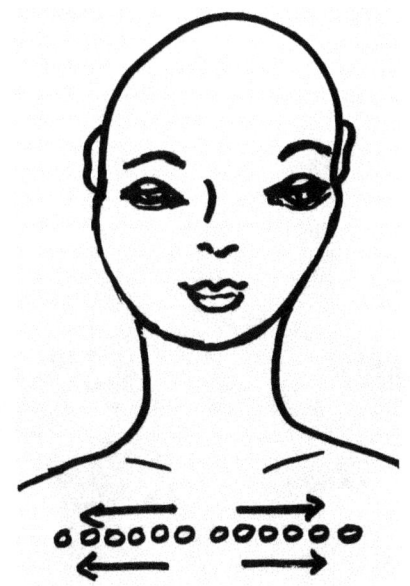

Kanachvu

Wiederhole die Klopfübungen, solange das
dazugehörige Klangelixier dauert.
Klopfe immer vom Brustbein nach außen. Die Hände
bewegen sich dabei gegenläufig.

18. Nasaar Isalvu

Sitzposition und Handhaltung wie in Übung 17. Gehe vom selben Punkt auf dem Brustbein aus, ca. 5 cm unter der Kuhle am Hals. Die Zeigefinger sind knapp 3 cm auseinander und klopfen von oben nach unten die 5 angegebenen Punkte. Jeden Durchgang erfolgt von oben in Richtung Herz.

19. Saru Bishar

Setz dich so hin wie in Übung 17, hebe den linken Arm so hoch, wie du die Dehnung noch angenehm findest. Beuge dich von der Taille ab nach rechts, bis du links am Oberkörper eine Dehnung fühlst. Alle Finger der rechten Hand liegen wie vorher; mit Zeige- und Mittelfinger wird je zwei Mal jeder Punkt geklopft, nur etwas fester als bisher. Fange auf der Rippe direkt unter der Achselhöhle an, bewege dich auf gerader Linie bis zur letzten Rippe. Immer von oben nach unten.

Wie der Yoga ausgeübt wird

20. Saru Eleshar
Wie in Übung 19. Klopfe dieses Mal mit der linken Hand die rechte Seite.

21. Nasu Anagu

Gleiche Sitzposition und Haltung der Hände wie bisher. Klopfe jeweils mit den zwei Fingern den höchsten Punkt des Kopfes zwei Mal. Die Hände sind ca. 3 cm auseinander. Klopfe jetzt mit dem gleichen Abstand der Finger voneinander die inneren Enden der Augenbrauen, dann die Oberlippe. Danach das Kinn, wie auf der nächsten Seite gezeigt wird. Jede Hand klopft 4 Punkte, je zwei Mal.

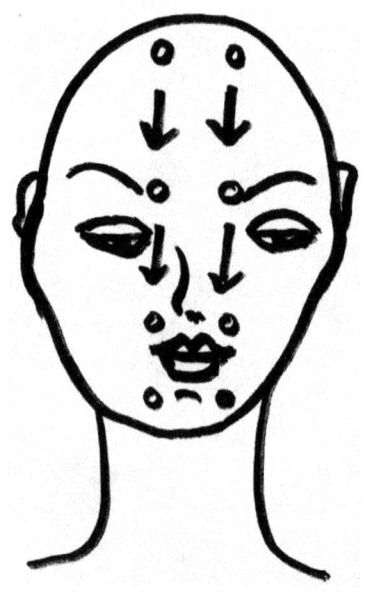

Nasu Anagu

Über die gesamte Länge des Klangelixiers wiederholen.
Die obersten Punkte liegen am höchsten Punkt des Kopfes

Die 26 Haltungen

22. Kaarsh-haras

Bleibe in der Haltung aus Übung 21. Lege bei beiden Händen den Mittelfinger über den Zeigefinger und klopfe je zwei Mal leicht auf die 3 Punkte auf dem Knochen unter den Augenbrauen – *nur* mit diesen Fingern! Beginne über dem Tränenkanal und klopfe die 3 Punkte zum Ohr hin, wie in der Abbildung auf der nächsten Seite gezeigt.

Kaarsh-haras

Beginne am inneren Augenwinkel, unter der Braue.
Wiederhole den Durchgang, solange das Klangelixier dauert.

23. Nistu Arana

Klopfe zwei Mal mit dem Zeigefinger auf die Punkte unter dem Kinn (auf jeder Seite 2 Punkte). Neige den Kopf entspannt nach hinten. Siehe die Abbildung auf der nächsten Seite: Zuerst die Punkte unter dem Kinn klopfen, dann die Punkte etwa 2,5 cm weiter zum Ohr hin.

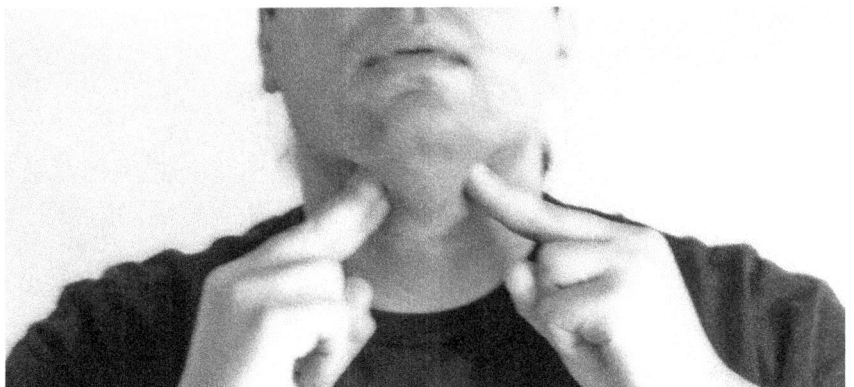

Wie der Yoga ausgeübt wird

Nistu Arana

Wiederhole die Übung, solange das Klangelixier dauert.

24. Kivistu Branesh

Klopfe mit je zwei Fingern beider Hände gleichzeitig das Brustbein zum Rhythmus des 24. Elixiers der Mystischen Reiche.

DIE HALTUNGEN DER DRUCKTECHNIK – KUHULU-SATVI

25. Agnanut-havi

Liege bequem auf der Matte, kreuze die Arme über der Brust (der linke Arm über dem rechten). Drücke mit beiden Daumen sanft, aber stetig unter den tiefsten Punkt deiner Wangenknochen. Die rechte Hand drückt die linke Wange und umgekehrt. Behalte den Druck während des gesamten Klangelixiers bei.

26. Bru-ak-nespahu

Liege bequem, lege die Handflächen aneinander und drücke von unten leicht auf den Punkt knapp unter und hinter dem Kinn. Drücke gleichzeitig mit der Zungenspitze gegen den Gaumen. Behalte den Druck während des gesamten Klangelixiers Nr. 26 bei.

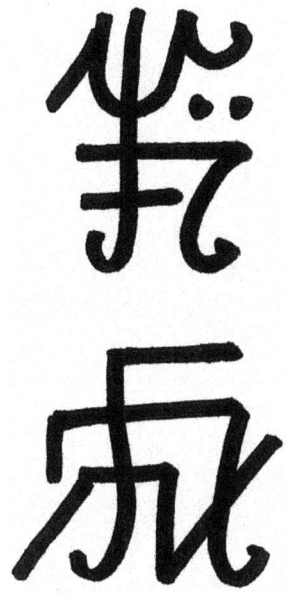

Die Namen der 144 Portale

Die Namen der Portale

Übung 1 – Ignati Rururet
1. Tranik-bilestra
2. Bruhat-bilshpavek
3. Uchnat-subarut

Übung 2 – Bligavesh
1. Misba-erekvit
2. Nisva-lu-uklat
3. Bri-es-varabit

Übung 3 – Bligavesh Iglat
1. Nik-his-astrava
2. Useta-manish
3. Helevis-asklata

Übung 4 – Bligavesh Uret
1. Vrihet-minavich
2. Vilevit-aleskla
3. Blinanut-prehut

Übung 5 – Nisavi Vishnatet
1. Arat-manavis
2. Arsk-usklata
3. Bravit-alesva

Übung 6 – Harasvu Isabi
1. Arisk-haratu
2. Urek-pilisba
3. Vravik-aresta

Die Namen der 144 Portale

Übung 7 – Kunimani
1. Manich-bluhabat
2. Vrabis-estrava
3. Vrihet-alastar

Übung 8 – Ra-vanavish
1. Archpa-nunaves
2. Irek-blavabut
3. Nusaret-parabach

Übung 9 – Siti-vanavish
1. Nasarat-estava
2. Mishet-pluhabat
3. Naska-bilesta

Übung 10 – Rutga-vanavish
1. Arknit-ruspahur
2. Vli-eret-parabu
3. Misheta-arakskar

Übung 11 – Knanani-usubetvi
1. Sunavis-iresta
2. Bruharabit-mines
3. Rutska-vilivesbi

Übung 12 – Kasabi-usubetvi
1. Ararut-nictrava
2. Stu-uraves-vravi
3. Iriksava-mananus

Übung 13 – Kanatchi-esanum
1. Bluha-astravar
2. Rustamit-ananach
3. Suchmanet-uvar

4. Rutselvravi-arestar
5. Kri-es-ublafski
6. Pi-het-uru-seresasta

Übung 14 – Kushana-paarsi
1. Knuvrabar-skulavat
2. Virsta-bravabur
3. Arat-birevachspi
4. Rustel-mananech
5. Belhastru-krivesbi
6. Plihestratar-manuvish
7. Kenanut-esetar
8. Rutsalvanu-esevi
9. Plihar-minanes
10. Karsatur-ersklahut
11. Vri-erestravar
12. Virsbanut-eselvi
13. Rutbla-us-aresta
14. Arknesbra-ur
15. Urutna-bli-es
16. Iseter-milshpravi
17. Usuterak-nanaspu
18. Blives-aruspreha

Übung 15 – Nechsu-varish
1. Araktu-arskvranut
2. Rutselvrenot-raksparva
3. Virebat-raksprahur
4. Mishelva-urekspi
5. Akrat-unet-vravi
6. Blivebach-rutsabi
7. Miserut-alakstar

8. Pruhabit-urespi
9. Vriharanut-esetu
10. Alakbrihespar
11. Vru-unut-veresbi
12. Kaarnish-uvra
13. Prihet-alastar
14. Mishelvi-ukles
15. Stuvech-minesut

Übung 16 – Aasabi Plishet
1. Kersetu-manunes
2. Ristablu-vrihet
3. Stuvech-masarut
4. Mishtavu-ubeskvi
5. Prisetur-bliveset
6. Retspar-aresva
7. Nuchsate-plavish
8. Aruk-nastavi
9. Karuch-nesebit
10. Trevit-plavech-hustra
11. Arut-mines-aruspava
12. Tru-ha-nesvit
13. Ski-uhuranet
14. Pli-espravit

Übung 17 - Kanachvu
1. Ukrunasetuvi
2. Brihesplavit-urunes
3. Archba-spelevech
4. Virinat-arasketvavi
5. Blivabit-aravichvravi
6. Resetmanut-vrabit

Die Namen der Portale

7. Pelshpretahat
8. Isetusklavetvi
9. Iktra-balavushpi
10. Minach-bravabit
11. Erestrananur
12. Virechbravisbrahut

Übung 18 – Nasaar Isalvu
1. Nachsavu-uvesvi
2. Esetrar-manavis
3. Trihur-aranesbi
4. Sti-ablach-selvenus
5. Irkla-manavish
6. Rasba-useklet
7. Stri-ar-nananus
8. Krihastar-bravablut
9. Estre-miravech
10. Mesenusblavi-uset

Übung 19 – Saru Bishar
1. Astra-blavahur
2. Kretvi-mananur
3. Kruhas-estana
4. Bri-ihavestavar
5. Ninech-prihatur

Übung 20 – Saru Eleshar
1. Eresat-bravanesvi
2. Esekla-pravut
3. Vires-pravahur
4. Isetrach-trihabach
5. Arut-peleshavit

Die Namen der 144 Portale

Übung 21 – Nasu Anagu
1. Nanusach-bravesti
2. Plihes-astava
3. Karanesvi-herspava
4. Niserach-uhabelesta
5. Bliset-arasta
6. Krihanach-spivarat
7. Mishtel-arasut
8. Esta-balishprava

Übung 22 – Kaarsh-haras
1. Niskavit-herastu
2. Kurastar-miserut
3. Nunech-aravesti
4. Mishata-nanusat
5. Klines-ersprahusvi
6. Si-utrer-nananesvi

Übung 23 – Nistu Arana
1. Kiretet-araskla
2. Bi-es-arastava
3. Urunur-kretplavi
4. Virenet-alsklar-manavish

Übung 24 – Kivistu Branesh
1. Kusuterenut-prava

Übung 25 – Aganut-havi
1. Biret-arasulesklar
2. Vri-uhurabet

Übung 26 – Bru-ak-nespahu
1. Misenat-kruhulesbi
2. Subavet-eklelchvi

Die Naturgesetze des
Überflusses verstehen

Die Naturgesetze: eine Einführung

Verständnis und Erkenntnis sind immer die Mittel gewesen, mit denen wir unsere Ängste wie Furcht vor Nicht-Überleben, Bedrücktheit oder Mangel beschwichtigt haben.

Statt die Ängsten der Massen zu teilen und von solchen Menschen manipuliert zu werden, die aus wirtschaftlichem Chaos Vorteile ziehen, lasst uns Meister sein. Das Gewahrwerden der Naturgesetze, die die Grundlagen eines Lebens in Fülle und Wohlstand sind, wird uns dabei helfen.

Lasst uns die düsteren Vorhersagen des wirtschaftlichen Zusammenbruchs nicht verstärken. Wir sind die Schöpfer unserer Wirklichkeit. Es ist unumgänglich geworden, dass wir unser Leben selbst in die Hand nehmen, abseits der auf Schulden basierenden Scheinwirklichkeit, zu der unsere Wirtschaft verkommen ist. Wir können uns dem Sturm stellen und überleben.

Die 144 Portale der Fülle

1. Necheratsatve

2. Mishinunask

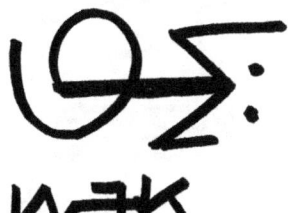

3. Sivibaratparve

4. Neskavabrut

5. Kiha-usavava

6. Blispa-ura

7. Kirina-ubelespetve

8. Nusarabi-eklavi

Die Naturgesetze des Überflusses verstehen

9. Usbakararu

10. Utremishelvi

11. Archnat-husvavi

12. Truhenemenemi

13. Sihubelvi-uvre

14. Kaarach-natvavesbi

15. Sihuves-eklavi

16. Nese-usalvavesbi

Die 144 Portale der Fülle

17. Iset-uhalesba

18. Achnaar-mishelvi

19. Kurastaar-birat

20. Utrenit-alsavi

21. Bitru-echnaru

22. Kurstebitburet

23. Kalahachbavrit

24. Nisalhuraspe

Die Naturgesetze des Überflusses verstehen

25. Pihurskalvavi

26. Ketrech-mishava

27. Ke-uhastar-esklavi

28. Sutulehunas

29. Verutbavelesvi

30. Karitmishba-el

31. Otrunatskalva

32. Ruchtavipa-hunat

Die 144 Portale der Fülle

33. Kirasat-esalvi

34. Sutelniserat

35. Kirabrutuhel

36. Nisabilevechvi

37. Arstapla-uhat

38. Vrusekba-esetu

39. Trinimire-u-anat

40. Keserut-aresta

Die Naturgesetze des Überflusses verstehen

41. Vrutrubarus-esta

42. Kaarch-urasbi

43. Sihasklava

44. Erkba-usenetvi

45. Kira-sivelvru

46. Isel-iselka-uha

47. Nusbararut-uklave

48. Kuritmistu-vibrat

Die 144 Portale der Fülle

49. Arathurspaklavit

50. Arutprevitprahur

51. Kununisarsta

52. Virenimespahur

53. Archarnot

54. Vilshpaver

55. Useta-minaruch

56. Harasut-ekleva

Die Naturgesetze des Überflusses verstehen

57. Urchbarut-harestu

58. Nesaretvibarish

59. Usutu-hesklave

60. Erklevibrasiva-el

61. Arknipribasuvael

62. Esete-mishavi

63. Nisitrananuspavel

64. Uklevisa-usba-el

Die 144 Portale der Fülle

65. Uhuvrasut-ekenechvi-vavru

66. Asabitvaret

67. Kuhele-ustrava

68. Kese-usalava

69. Husalnanetkleva

70. Ruchperpranavishper

71. Nuselvevarabi

72. Aktrahanesetu

Die Naturgesetze des Überflusses verstehen

73. Ruchtrerig-ashva

74. Oselena-skavir

75. Utrekverbitvranu

76. Kirsprahu

77. Sitklevrenavu

78. Uskeleperenu

79. Aktrabar-rutvavi

80. Petribarprevu

Die 144 Portale der Fülle

81. Arekstavar-aresni

82. Husetminur-haresbi

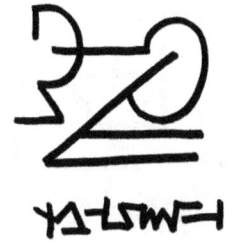
83. Eklevibretsalvavu

84. Archpa-minurparvet

85. Lispera-unesvi

86. Rikpertresubar

87. Iselvri-isevechvi

88. Niset-arusprehit

89. Kiranut-useltra

90. Viselvu-nisbaret

91. Kelhe-etrevibareru

92. Nachpa-blavushvi

93. Arusparva-kererut

94. Haris-esklavu

95. Suthit-arsevrunu

96. Viblik-aretvrenut

Die 144 Portale der Fülle

97. Sutvaa-arsekla

98. Etsilbihar-nursta

99. Karuchpaher-uset

100. Klivabrahutspanu

101. Esetepirahet

102. Viripamichba-er

103. Kassabi-unaset

104. Vibri-unar-sklava

Die Naturgesetze des Überflusses verstehen

105. Situmisanesparhu

106. Viblesaraskranit

107. Usatblanich-serut

108. Arska-ekletvibrat

109. Iseta-nachsparut

110. Ukluvris-aranasut

111. Eseteprahut-arsta

112. Vilinisperut-ukle

Die 144 Portale der Fülle

113. Kaalanat-uset

114. Etre-minis-verspa

115. Kuhut-alerklesbi

116. Archpa-isetnut

117. Hutre-viliset

118. Eskle-minirus

119. Urutrakve-irespa

120. Uharanatve-vilevis

Die Naturgesetze des Überflusses verstehen

121. Usanandabi

122. Ekselvrivar

123. Aknasprauspleha

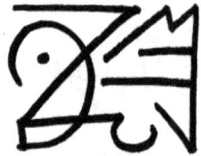
124. Utunasvevrubahar

125. Archnitvrevasusklar

126. Perenut-vrehasversklu

127. Kelsat-plahuranes

128. Vivarek-minestra

Die 144 Portale der Fülle

129. Usaba-vibelestu

130. Asanahuspeva

131. Kaarsabitekla

132. Vrubelelchnu-avi

133. Velspa-urektrana

134. Mishpaplihenut

135. Ukle-viberestrevanu

136. Asanahu

Die Naturgesetze des Überflusses verstehen

137. Plevi-avi

138. Haarechnesba-aleskla

139. Sitinatvi-perere

140. Iktranu-speklu-aha

141. Avanet-hilsba

142. Usekparuspa-ekleva

143. Visarat-minechvires

144. Kivaranut-preha

Die 144 Naturgesetze des Überflusses

1. Zu wissen, dass wir selbst das Füllhorn sind und uns selbst beschenken, vergrößert den Zufluss.
2. Der Zufluss ist eine Täuschung. Wir hatten schon immer Zugang zu aller Fülle.
3. Unser tägliches Mantra sei: „Ich bin Fülle".
4. Beim Schenken die Würdigkeit des Empfängers abzuwägen bedeutet, die Schleusen unseres Zuflusses zu schließen, denn den Wert eines anderen zu leugnen heißt uns selbst zu verleugnen.
5. Geld als grundlegende Währung für alles zu betrachten, bedeutet zu vergessen, dass das Eine Leben Alles ist, was existiert.
6. Das Trugbild von Beziehungen ist nur ein Spiel um des Vergnügens willen. Geld ist ein von Menschen gemachtes Spiel innerhalb des Spiels und sollte ebenfalls dem Vergnügen dienen.
7. Überfluss bedeutet, innerhalb deines Rahmens würdig zu leben. Es hat nichts damit zu tun, wie viel du hast oder verdienst.
8. Der Standpunkt, dass Geld verdient werden muss, verringert die Möglichkeit, dass es aus anderen Quellen kommen kann.
9. Mit uns selbst großzügig und pfleglich umzugehen ist der erste Schritt zu einem üppigen Leben.
10. Die wahre Währung eines Lebens in Fülle ist Eleganz, verbunden mit Anmut und entspringt der Selbstachtung. Das steht allen zur Verfügung.
11. Behandle Geld mit Achtung. Es stellt die Fäden dar, aus denen der Teppich menschlicher Gesellschaften gewebt ist.
12. Wenn du Geld ausgibst, dann mit dem Segen, dass es dem Fischer und den Staatsmann gleich gut tun möge.

13. Geld ist das menschengemachte Lebensblut der Gesellschaft. Es zirkuliert und bringt dir die Art der Energie zurück, mit der du es ausgegeben hast.
14. Wenn wir unsere finanziellen Mittel als Sicherheit ansehen, leugnen wir, dass unser Innerstes uns versorgt.
15. Wird Geld zum Maßstab für unsere Errungenschaften, wird der Wunsch nach Wohlstand zur fixen Idee.
16. Der Wunsch, im Überfluss zu leben, ist so natürlich wie der Wunsch eines Fisches nach Wasser. Geld ist nur ein kleiner Teil von Fülle.
17. Sei dir gegenüber verschwenderisch bei Dingen, die dir Freude machen. Denn Achtsamkeit hilft uns, Freude an einfachen Dingen zu haben.
18. Den Verlust an Mitteln zu beklagen, heißt zu leugnen, dass wir die Schöpfer in unserem Leben sind und wieder genau so viel Wohlstand erschaffen können.
19. Manche fühlen sich schuldig, weil sie zu viel haben, andere, weil sie zu wenig haben. Schuldgefühle blockieren die Adern des Zustroms.
20. Einige arbeiten, um zu leben; andere leben, um zu arbeiten. In beiden Fällen ist Arbeiten eher Bedürfnis als Freude.
21. Als das Eine Leben sind wir Alles, was ist; es gilt, nichts zu werden. Streben wir nach mehr, verewigen wir die Armut.
22. Reiße Wertvorstellungen, die uns mit dem Glauben an Statussymbole und mit erfundenen Bedürfnissen indoktrinieren wollen, mit Stumpf und Stiel aus.
23. Vergleichen macht unsere Schritte schwerfällig bei unserem Tanz mit dem Leben im Überfluss.
24. Vergleichen macht, dass wir uns entweder arm fühlen, weil wir weniger haben, oder schuldig, weil wir glauben, wir hätten mehr. Jeder gestaltet sein Leben in göttlicher Vollkommenheit. Lasst uns dem Rechnung tragen.

25. Die Armut anderer zu sehen heißt, einen verarmten Teil von uns selbst zu sehen. Bringe in dir in Ordnung, was du außen siehst.
26. Wenn wir Preise herunterhandeln, versperren wir selbst den Zugang zu Gewinn. Das Gesetz des Ausgleichs besagt, dass das Leben dann auch uns übers Ohr haut.
27. Gib nur so viel aus, wie du hast, damit du nicht zum Sklaven deiner sinnlosen Bedürfnisse wirst.
28. Haushaltspläne sind wie Schleusen, die den Überfluss blockieren. Plane, aber halte dich nicht sklavisch an die Pläne und erwarte reichlich Überraschungen!
29. Wenn du Überfluss möchtest, bitte darum, dass dir die Welt gehören möge. Wird dir der Wunsch nicht erfüllt – macht nichts; dann war es eher eine Vorliebe als eine Notwendigkeit.
30. Mangelnder Zufluss kommt von einem Leben in engen Bahnen. Lass das Abenteuer des Lebens sich täglich neu entfalten.
31. Wenn du willst, dass Fülle in dein Leben kommt, häufe keine Dinge an. Gib weg, was du nicht mehr gebrauchen kannst, und wirf Gerümpel fort.
32. Sieh dich als Hüter deines Besitzes. Behandle alles mit Achtung und repariere Dinge, statt sie zu ersetzen, wenn es machbar ist.
33. Wer gierig rafft, nimmt nicht nur sich selbst etwas weg, sondern auch anderen.
34. Schätze verringern sich, wenn man sie selbstverständlich nimmt. Angesichts mangelnder Dankbarkeit schwinden alle Dinge.
35. Wenn wir an Dinge mit der Einstellung herangehen: „Wie kann ich am meisten dabei herausholen?", entsteht Knappheit. Betrachten wir Lebensmittel lieber mit Wertschätzung als mit dem Bedürfnis, uns damit zu ernähren.

36. Wenn wir auf unseren inneren Rhythmus hören, wird unser Leben reich. Hören wir nicht auf den Gesang unseres Herzens, entsteht Dürre.
37. Viele setzen den Verlust von Besitz dem Verlust von Leben gleich. Dabei ist dieser oft ein Katalysator zu tieferem Erleben und zu Lebendigkeit.
38. Ein Leben in Einfachheit ist nicht erleuchteter als ein vielschichtiges Leben. Es erspart uns nur die Versuchung, dass unser Besitz uns beherrscht.
39. Suche die wahren Freuden des Lebens. Die Menschen haben das Gefühl dafür verloren, was ihnen Freude macht, und ersetzen sie mit dem Glanz gekaufter Raffinesse.
40. Das Leben ist ein Kunstwerk. Belebe deine finanziellen Angelegenheiten durch eine Haltung anmutiger Kreativität.
41. Male das Leben mit einem großen Pinsel, aber vernachlässige die Details nicht. Auch nicht bei finanziellen Angelegenheiten, wo ein kleines Leck das Reservoir leerlaufen lassen kann.
42. Wisse, dass Zeiten der Knappheit ein vorübergehendes Umstrukturieren bedeuten, das enthüllen wird, worauf es wirklich ankommt.
43. Wenn Knappheit herrscht, lasse die Innovationskraft blühen. Dies kann eine Form der Kreativität sein, die du mit anderen teilen kannst.
44. Widrigkeiten können uns und unsere Familie nur dann mehr lehren als viele Jahre des Wohlstands, wenn wir sie als Herausforderung freudig annehmen.
45. Das Leben darf uns nichts wegnehmen, ohne einen Ausgleich dafür zu schaffen. Man kann in den Ozean kein Loch machen. Halte Ausschau nach neuen Lebensbereichen, die Fülle versprechen.

46. Dadurch, dass wir um das bitten, was wir uns wünschen, und gleichzeitig wertschätzen, was wir haben, leben wir das mächtigste Gesetz der Fülle.
47. Jedes Familienmitglied hat einen psychologischen Auslöser dafür, sich als arm zu empfinden. Beispielsweise kann es sein, dass eine Hausfrau einen gewissen Vorrat an Konserven braucht, um Überfluss zu verspüren. Trage diesen Bedürfnissen Rechnung, so weit es geht.
48. Wir leben in einer Gesellschaft, die uns zum Schuldenmachen verführt. Widerstehe diesem Wahn, so weit du kannst. Spare erst an, gib dann aus. Freiheit ist dein größtes Kapital.
49. Schulden sind nicht nur eine Art Versklavung, sie schaffen auch die ungesunde Sachlage, dass das Essen, das wir essen, und die Kleidung, die wir tragen, nicht uns gehören, sondern der Bank.
50. Wie werden wir Schuldenlast los? Hole dir kompetente Hilfe und mache, wie bei jeder langen Reise, einen Schritt nach dem anderen.
51. Alle Süchte sind das Ergebnis von Selbstaufgabe. Das ist bei der Kaufsucht nicht anders. Ausgeglichenes Ausgabeverhalten kommt von einem ausgeglichenen Leben.
52. Das finanzielle Kräftespiel einer Familieneinheit zeigt die Machtverhältnisse. Wer die Verfügung hat über Besitz und Geld, hat auch die Macht.
53. Geld ist kristallisierte Macht und es gelten dieselben Gesetze wie für diese: Wenn es gehortet wird, verschwört sich das Universum, es wegzunehmen.
54. Die Fruchtbarkeit des Lebens schwindet bei Egozentrik dahin. Spontanes Geben des Selbst schafft eine gedeihliche Umgebung.

55. Wird das Leben von Pflichten aufgezehrt, fühlt sich das Herz betrogen. Das Leben wird erbärmlich. Kein Geld kann das aufwiegen.
56. Bedenke sorgfältig, was du dir wünschst. Tue dies mehrmals täglich, versieh das Vorgestellte mit immer mehr Einzelheiten. Sieh es als bereits vorhanden.
57. Gib Geld so aus, dass es stellvertretend wirkt: Wenn du einem bedürftigen Menschen Geld gibst, dann gib es im Geist ALLEN Obdachlosen. Dann schuldet der Kosmos dir etwas und er muss es dir es vielfach zurückgeben.
58. Behandle Geld als kristallisierte Kraft und bestärke durch deine Absicht das, was du damit bezahlst. Mit Steuern werden öffentliche Güter geschaffen, die die Gesellschaft voranbringen – stelle dir das im Geiste vor!
59. Das jetzige Geldsystem beruht auf unechten Werten, es gibt vor, das Papier hätte Wert. Es muss durch ein Tauschsystem ersetzt werden und sich weiterentwickeln.
60. Das letztliche Ziel der Entwicklung des Geldsystems ist, Güter und Dienstleistungen gegeneinander als das zu tauschen, was sie uns wirklich wert sind – ein freiwilliges Handelssystem.
61. Die Entwicklung zu einem Tauschsystem und einem freiwilligen Handelssystem muss bei uns selbst anfangen – auch wenn es in kleinen Schritten geschieht.
62. Zukünftige Gemeinschaften werden ein Vorratssystem haben, in das alle ihre Dienste und Produkte geben, damit diejenigen, die sie brauchen, sie entsprechend ihren Bedürfnissen nehmen und nutzen.
63. Genügsamkeit hat nichts damit zu tun, wie viel wir ausgeben. Eher damit, dass wir uns entschieden weigern, Energie dadurch zu vergeuden, dass wir mit anderen sinnlose Spielchen spielen oder dem Leben Widerstand leisten.

64. Wenn wir unsere Arbeit freudig und ausgezeichnet machen, wird die Plackerei, mit der wir unseren Lebensunterhalt verdienen, zur liebevollen, schöpferischen Tätigkeit.
65. Segne deine Arbeit, auf dass ihre Früchte ihren Wert steigern und der Kosmos dir etwas schuldet.
66. Arbeit am Fließband kann zum Mantra werden, wenn unsere Haltung die eines freiwilligen Dienstes an allem Leben ist.
67. Anerkenne dankbar alle, die dir dienen – und das Leben wird dich unterstützen!
68. Für die Dinge des Lebens gilt: Gib so viel du kannst, statt so wenig irgend geht! Sonst stehst du beim Leben in der Schuld.
69. Umgib dich mit Menschen, die – wie du – möglichst viel zu geben trachten, so dass du von Gewinnern unterstützt wirst.
70. Meide Menschen, die versuchen zu kriegen, was sie kriegen können – damit du nicht von ihrer Umschlingung erstickt wirst.
71. Es gibt Menschen, die deine Mittel und deinen Besitz schmälern wollen, und solche, die davon profitieren wollen. Keiner von ihnen glaubt, sie könnten es durch eigene Anstrengung zu etwas bringen.
72. Anderen die Gelegenheit zu geben, dich als Geldquell zu sehen, bedeutet sie zu entmachten und bei ihnen ein unangebrachtes Anspruchsdenken zu fördern.
73. Wenn du jemandem etwas gibst, erwäge, was genau diese Person braucht. Es kann sein, dass sie eine Fertigkeit erlernen oder an eine bestimmte Agentur vermittelt werden muss oder aber die Miete für einen Monat braucht. Als Nächstes überlege, was du dazu beitragen kannst.
74. Gib, auf dass du bekommst. Wer großzügig dort hilft, wo es geht, öffnet die Schleusen des Überflusses durch den Kosmos.

75. Wo Familien weitgehend auf der Basis von Schulden wirtschaften, ist eine Strukturveränderung notwendig und zu erwarten. Diese Leere muss durch echte Substanz ersetzt werden.
76. Der Raupe in ihrem Kokon erscheint ihre Metamorphose wie eine Katastrophe. Genauso muss das Finanzsystem sich umgestalten.
77. Stärke finanzielle Weltuntergangsvorhersagen nicht, indem du ihnen Aufmerksamkeit schenkst. Rüste dich für das Schlimmste und erwarte das Beste.
78. Vertraue der Flexibilität und dem Scharfsinn der Menschen und darauf, dass sie einander helfend die Hand reichen, um eine globale Rezession erfolgreich zu überstehen.
79. Lass das Überwinden finanzieller Rückschläge eine Angelegenheit der ganzen Familie sein, damit Kinder lernen, wie man sich fröhlich und optimistisch den Wechselfällen des Lebens gegenüber verhält.
80. Das Leben zeigt uns täglich Türen, an denen du anklopfen kannst. Achte auf die vielen Möglichkeiten. Manche mögen sich öffnen, andere nicht – aber klopfe an!
81. Zögere nicht, an Türen vor dir anzuklopfen, nur weil du nicht weißt, ob du eintreten möchtest. Es kann sein, dass wundervolle Überraschungen hinter dieser Schwelle liegen.
82. Statt Energie damit zu verschwenden, anderen die Schuld zu geben, <u>tun</u> Gewinner etwas. Das verschafft dem Leben die Gelegenheit der Wiedergutmachung.
83. Versagen ist nicht Erfolglosigkeit, es ist die Angst davor, etwas zu versuchen.
84. Erfolg an Besitz zu messen bedeutet, Sklave der falschen Werte unserer <u>sozialen Erziehung</u> zu sein.

85. Selbstmitleid erzeugt in unseren Lebensumständen eine Spirale nach unten, denn wir stärken das, worauf wir unsere Aufmerksamkeit richten.
86. Selbstherrlichkeit, die auf früheren Leistungen und auf Besitzerstolz beruht, blockiert die Entstehung einer noch größeren Zukunft.
87. Finanzielle Liquidität ist der Schlüssel zum Erfolg in wirtschaftlich schwierigen Zeiten. Ziehe vorübergehende Alternativen und mehrere Jobs in Betracht.
88. Zeitplanung ist von wesentlicher Bedeutung, wenn die Anforderungen steigen. Gehe systematisch und diszipliniert vor und plane Zeit für schöne Stunden mit deinen Lieben ein.
89. Die Erde stöhnt unter dem Gewicht des Mülls aus Verpackungen für Fertiggerichte. Zu Vollwertessen zurückzukehren ist nicht nur wirtschaftlicher, sondern auch eine Rückkehr zu bewusstem Leben.
90. Wissenschaftler haben herausgefunden, dass wir die Erde mitreißen und sie uns. Wir schaffen fruchtbare Gärten und die Erde erneuert unsere fruchtbare Fülle.
91. Indem wir uns von der Natur abschneiden, verlieren wir gesunde Werte aus dem Blickfeld und verrotten in blindem Materialismus.
92. Wenn wir uns bewusst sind, dass die Erde die Quelle unserer Versorgung ist und dass unser Sein für den Unterhalt sorgt, haben wir das Fundament für Wohlstand gelegt.
93. Betrachte Geld wie Liebe: Gib großzügig, wo du kannst, und du bekommst reichlich zurück.
94. Würdest du um Liebe feilschen und nur so wenig geben, wie du kannst? Warum willst du dann beim Geld handeln und davon zurückhalten?

95. Überhöhte Preise zu bezahlen für Dinge, die den Anschein eines hochtrabenden Trendbewusstseins haben, unterstützt die selbstgefällige Ausbeutung der Gesellschaft.
96. Wenn du deine Arbeit mit Herz machst und als Dienst am Leben verstehst, wirst du eher Ursache als Wirkung sein.
97. Alle Erfolgsmenschen wissen, dass sie das Drehbuch des Schauspiels ihres Lebens selbst schreiben. Sehen sie sich als wohlhabend, werden sie es auch sein.
98. Nehmen wir uns Zeit für tiefes, bedeutungsvolles Leben – wie das Beobachten der Morgendämmerung –, so spüren wir Freude. Freude ist das Leitsystem für unsere Entscheidungen.
99. Ein Leben voll bewusster und gesunder Werte versieht unsere Mühen mit Substanz. Seelenloses Handeln ist hohl und kann Fülle nicht halten.
100. Lass nicht zu, dass die Arbeit deinen Lebensrhythmus bestimmt. Gewähre ihr bestimmte Zeiten, in denen du ihren Anforderungen nachkommst. Auf diese Weise verhinderst du, dass sie zum Herrn wird und du zum Sklaven.
101. Weder Überfluss noch Armut gibt es im Ozean des Lebens. Wenn wir dies wissen, sind wir frei.
102. Armut bei anderen zu sehen, bedeutet den kosmischen Ausgleich für alle scheinbaren Verluste zu ignorieren.
103. Gier entsteht, wenn wir Mittel als begrenzt ansehen, was wiederum daher kommt, dass wir ein Leben der Beschränkungen leben.
104. Es ist nicht wichtig, wie viele Stunden du arbeitest, sofern die Arbeit Kreativität, Leidenschaft und Qualität ausdrückt. Arbeit ist aus Pflicht zu freudvollem Leben entstanden.
105. Schaffe ein Heim, nicht ein Haus – einen Ort, wo der Göttlichkeit derer, die darin wohnen, Rechnung getragen wird.
106. Ein Heim zu gestalten sollte als Form der Anbetung durch Dienst daran gesehen werden.

107. Gestalte, so gut du kannst, eine Umgebung für Arbeiten und Wohnen, die Ehrfurcht davor zum Ausdruck bringt, dass das Leben heilig ist.
108. Toleranz und Respekt für andere bedeutet nicht, dass du ihnen erlauben solltest, die Heiligkeit des Bereichs, in dem du wohnst und arbeitest, zu missachten.
109. Keine Arbeit ist wichtiger als eine andere, solange sie ganz als Liebesopfer auf dem Altar des Lebens dargebracht wird.
110. Viele finden Bankrott unannehmbar und unmoralisch, wenn riesige Geldsummen dafür ausgegeben wurden, die Schulden überhaupt zu machen.
111. Sich zu weigern, den Bankrott zu erklären, wenn man sich seiner Schulden nicht anders entledigen kann, ist wie wenn eine Motte sich „aus moralischen Gründen" weigert, dem Spinnennetz zu entrinnen.
112. Wenn wir unsere Lektionen lernen, wiederholt das Leben die Mühsal nicht, noch verlängert es sie. Das Leben ist ein Abenteuer der Einsicht, kein strafender Aufseher.
113. Es kann keine karmischen Nachwirkungen für Schulden geben, denn Zeit gibt es nicht und innerhalb des Einen Lebens sind Schulden eine Täuschung.
114. Schuldgefühle über angehäufte Schulden blockieren den künftigen Zufluss. Willst du Veränderungen zum Guten, musst du die Gegenwart voll annehmen.
115. Der Mensch stellt als Mikrokosmos die Schulden dar, die bei der Schöpfung entstanden sind, als die Ressourcen dem Körper des Unendlichen Wesens entnommen wurden, nachdem die kosmischen Mittel knapp geworden waren.
116. Fülle erfordert nicht nur gelenktes Fließen durch Großzügigkeit, sondern auch Eindämmung. Verschwendung und Lecks zuzulassen kommt dem Versuch gleich, Fülle in einem Sieb zu halten.

117. Diejenigen, denen es in finanziell schwierigen Zeiten gut geht, sind die, die kreative Lösungen suchen, statt auf die Probleme zu starren.
118. Wenn Finanzsysteme versagen, hilft es selten, innerhalb des gescheiterten Systems nach Lösungen zu suchen. Blicke über den Tellerrand hinaus!
119. Definiere Fülle neu: Alles zu haben, was du brauchst, statt alles zu brauchen, was du hast. Die meisten betrachten verschwenderisches Übermaß als Fülle.
120. Dein Besitz ist dir anvertraut. Repariere lieber statt wegzuwerfen, auf dass die Müllhalden auf dieser Erde schwinden.
121. Hilf, wo du kannst, habe aber keine Schuldgefühle, weil du etwas hast und andere nicht. Einförmigkeit behindert die Entwicklung einer Gesellschaft.
122. Was immer du früher dargestellt hast, dein Wesen ist fähig, dasselbe oder noch besseres zu offenbaren. Lebe hoffnungsvoll und bereue nichts.
123. Um ein neues Lebensmodell zu entwerfen, vereinfache dein Leben, damit lebensförderliche Aspekt sich zeigen können.
124. Die Seele rechtfertigt ihre Auswüchse und suhlt sich in Selbstmitleid. Reiße Selbstmitleid schonungslos aus – es vernebelt die Wahrheit.
125. Selbstmitleid sucht im Außen nach Rettung. Selbstverantwortlichkeit sucht eine Lösung.
126. Einfacher leben, wie Kochen mit frischen Zutaten statt Fertigpackungen, kostet mehr Zeit, produziert aber weniger Müll und ist billiger.
127. Wenn wir weniger kaufen, lernen wir Wertschätzung für das, was wir haben. Spähen wir immer über den Horizont, haben wir keinen Blick für die Landschaft um uns.

128. Glaube an die Fülle des Lebens und erhebe Anspruch darauf, indem du großzügig lebst und keine Hamsterkäufe tätigst.
129. Benutze Geld nicht als Ersatz dafür, dich zu geben. Das schafft ein Ungleichgewicht von Mangel für dich und andere.
130. Grundsätze des Überflusses lernt man zuerst im Herzen. Wenn wir Freude schenken, vervielfältigen sich die Ressourcen.
131. Gestatten wir anderen, uns zu berauben und unser Leben, unsere Zeit und unsere Mittel zu plündern, halten wir sie davon ab, selbst etwas zu bewerkstelligen.
132. Riesige Firmen und Institutionen werden gegründet, die sich an den Leistungen und dem Unglück anderer mästen. Umgib dich mit Menschen, die an ihre eigene Leistungsfähigkeit glauben.
133. Menschen, die ihr eigenes Leben nicht im Griff haben, zu erlauben, einen Teil deines Lebens zu verwalten, ist so töricht, als wollte der Patient den Arzt behandeln.
134. Bewerte ein langsames Tempo nicht höher als ein schnelles. In der Zeitlosigkeit existiert der Begriff Tempo nicht.
135. Feiere Erfolge, aber nimm sie nicht wichtig. Weder Erfolg noch Versagen können unser sein, denn es gibt nur das Eine Leben, das sich ausdrückt.
136. Erfolg und Überfluss sind die einzigen Konstanten im Leben. Wir bringen uns durch Hingabe und Vertrauen entweder mit ihnen in Harmonie oder wir schneiden uns von ihnen ab, indem wir dem Leben widerstehen.
137. Betrachte lobpreisend die Fülle an Sternen, Schneeflocken und Feldblumen, denn du bekommst das, worauf du deine Aufmerksamkeit richtest.
138. Wir weilen in einem Meer an Fülle. Wir sind nur dadurch beschränkt, dass wir nicht erkennen können, was zur Verfügung steht.

139. Fülle ist ein <u>Loch ohne Boden</u>, wenn wir sie mit Wachstum gleichsetzen. Wir können im eleganten „Genug" leben, wenn wir dankbar anerkennen, dass wir alles haben, was wir brauchen.
140. Selbstvertrauen nimmt irrigerweise an, dass es erst schaffen muss, was es braucht. Bescheidenheit erkennt, dass das Selbst ein Kanal für das ewige Fließen ist.
141. Viele fühlen sich schuldig, weil sie mehr haben, andere, weil sie weniger haben. Es wird immer Bereiche im Sein geben, wo bestimmte Ressourcen mehr betont werden. Gleichmacherei erzeugt Mittelmäßigkeit.
142. Wenn bestimmte Ressourcen im Leben eines Menschen betont werden, verringern sich andere. Finde mit Dankbarkeit heraus, wo deine Schätze liegen.
143. Vernachlässigen wir das Weibliche[7] in uns, verlieren wir unsere Empfänglichkeit für Fülle und unser Leben wird karg.
144. Wenn du etwas bekommst und hortest, machst du dich zum Grab der Fülle. Wenn du etwas bekommst und davon abgibst, fließt aus dir die Fülle.

---

7 Siehe die Archetypen der Göttin in „Journey to the Heart of God".

WEITERE BÜCHER VON ALMINE

Die Reise der Seherin – Der Pfad zur Erleuchtung

Mit: Die Schriftrollen des Unendlichen
Dieses bewegende lyrische Werk - es erinnert an Kahlil Gibrans *Der Prophet* – gibt einen intimen, tiefen Einblick in die Suche dieser berühmten Mystikerin nach der Wahrheit hinter der Schöpfung des Menschen.

Almines weltweites Publikum wird *Die Reise der Seherin* bejubeln, es kann mit ihr in der Übersetzung der Schriftrollen des Unendlichen den Sinn des Lebens erforschen. Dieses esoterische Meisterwerk schenkt uns tiefgehende spirituelle Führung.

Viele andere Bücher von Almine werden bald auf Deutsch verfügbar. Siehe:

www.spiritualjourneys.com und

www.almineweisheit.de

www.ingramcontent.com/pod-product-compliance
Lightning Source LLC
Chambersburg PA
CBHW070558160426
43199CB00014B/2539